卞尺丹几乙し丹卞と
Translated Language Learning

Die Diamant-Halskette

The Diamond Necklace

Guy De Maupassant

Deutsch / English

Copyright © 2024 Tranzlaty
All rights reserved
ISBN: 978-1-83566-322-6
Original text by Guy de Maupassant
La Parure
First published in French in 1884
www.tranzlaty.com

Sie war ein hübsches und reizendes junges Mädchen
She was a pretty and charming young girl
aber ihre Schönheit schien fehl am Platze gewesen zu sein
but her beauty seemed to have been misplaced
Es war, als hätte das Schicksal ihr Schicksal nicht gesehen
it was as if fate had failed to see her destiny
Und sie wurde in ein unscheinbares Haus hineingeboren
and she was born into an undistinguished house
Sie stammte aus einer bürgerlichen Beamtenfamilie
she came from a middle class family of clerks
Sie hatte weder eine Mitgift noch Erwartungen für ihre Zukunft
She had no dowry, nor expectations for her future
Sie hatte keine Möglichkeit, von einem reichen Mann gekannt zu werden
she had no way of being known by a rich man
Kein angesehener Mann würde sie verstehen
no distinguished man was going to understand her
Sie konnte sich nicht vorstellen, dass ein bewunderter Mann sie lieben würde
she could not foresee an admired man loving her
Sie hatte keine Hoffnung, dass ein reicher Mann sie heiraten würde
she had no hope of a wealthy man marrying her
So ließ sie sich mit einem kleinen Beamten verheiraten
so she let herself be married to a little clerk
Er arbeitete im Ministerium für öffentliche Bildung
he worked at the Ministry of Public Instruction
Sie kleidete sich in sehr schlichte und triste Kleidung
She dressed in very plain and drab clothes
weil sie sich keine schönen Kleider leisten konnte
because she could not afford beautiful clothes

aber sie war unglücklicher als die Menschen um sie herum
but she was more unhappy than those around her
Es war, als ob sie wirklich von einem höheren Rang herabgefallen wäre
it was as if she really had fallen from a higher rank
denn bei Frauen gibt es weder Kaste noch Rang
because with women there is neither caste nor rank
Frauen leben von ihrer Schönheit, Anmut und ihrem Charme
woman live from their beauty, grace and charm
Diese Dinge treten an die Stelle von Familie und Geburt
these things take the place of family and birth
Natürlicher Einfallsreichtum und ein Gespür für das Elegante
Natural ingenuity and an instinct for what is elegant
Die Geschmeidigkeit ihres Geistes bestimmt ihre Hierarchie
the suppleness of their minds determine their hierarchy
Die Frauen des Volkes können es mit den allergrößten Damen aufnehmen
women of the people can equal the very greatest ladies
Mathilde litt unaufhörlich unter ihrem Leiden
Mathilde suffered ceaselessly from her affliction
Sie fühlte sich geboren, um die feinsten Köstlichkeiten zu genießen
she felt she was born to enjoy the finest delicacies
Sie fühlte, dass sie geboren wurde, um all den Luxus des Lebens zu genießen
she felt she was born to enjoy all the luxuries of life
Sie war betrübt über die Armut ihrer Wohnung
She was distressed at the poverty of her dwelling
Sie kam mit der Kargheit der Wände nicht zurecht

she couldn't cope at the bareness of the walls
Die schäbigen Stühle bedrückten ihr Glück sehr
the shabby chairs distressed her happiness greatly
Die Hässlichkeit der Vorhänge ließ ihr keine Ruhe
the ugliness of the curtains gave her no peace
Andere Frauen ihres Ranges hätten es nie bemerkt
other woman of her rank would never have noticed
Aber all diese Dinge quälten ihr Glück täglich
but all those things tortured her happiness daily
Und diese Dinge machten sie unendlich wütend
and those things made her angry to no end
Der Anblick des bescheidenen kleinen bretonischen Bauern
The sight of the humble little Breton peasant
Sie nahmen ihre Hausarbeit ehrenhaft an
they accepted their housework honourably
Und sie taten ihre Arbeit, ohne sich zu beschweren
and they did their work without complaining
aber bei Mathilde erweckte es nur verzweifeltes Bedauern
but for Mathilde it only aroused despairing regrets
und es verursachte ihr verwirrende Träume
and it caused her to have bewildering dreams
Sie dachte an stille Vorzimmer in Landhäusern
She thought of silent antechambers in country homes
Sie stellte sich große Räume vor, die mit Wandteppichen behangen waren
she imagined large rooms hung with tapestries
Orientalische Wandteppiche, die von hohen Bronzekandelabern beleuchtet werden
Oriental tapestries illumined by tall bronze candelabras
Und sie dachte an zwei große Lakaien in Kniehosen
and she thought of two great footmen in knee breeches

Die Männer schliefen in ihren Gedanken in den großen Sesseln
the men in her thoughts slept in the big armchairs
Die drückende Hitze des Ofens machte sie schläfrig
the oppressive heat of the stove made them drowsy
Sie dachte an lange Empfangshallen in einem Palast
She thought of long reception halls in a palace
Ihre Phantasie hing uralte Seide an der Wand
her imagination hung ancient silks along the wall
Ihre Gedanken ordneten zierliche Schränke in den Zimmern
her thoughts arranged dainty cabinets in the rooms
und jeder Schrank enthielt unschätzbare Kuriositäten
and each cabinet contained priceless curiosities
Und sie dachte an niedliche kleine Empfangsräume
and she thought of cute little reception rooms
Sie konnte den Duft der Räume in Gedanken riechen
she could smell the perfume of the rooms in her mind
Räume, die zum Plaudern mit intimen Freunden gemacht sind
rooms made for chatting with intimate friends
berühmte, begehrte Männer, um die andere Männer beneiden
famous sought after men, whom other men envy
faszinierende Männer, deren Aufmerksamkeit sich alle Frauen wünschen
fascinating men, whose attention all women desire
Sie setzte sich zum Abendessen an den runden Tisch
she sat down for dinner at the round table
Die Tischdecke war seit drei Tagen nicht gewechselt worden
the tablecloth had not been changed for three days
Ihr Mann entdeckte die Suppenterrine

her husband uncovered the soup tureen
"Ach, Suppe! Ich kenne nichts Besseres."
"Ah, soup! I don't know anything better"
sie dachte an köstliche Mahlzeiten aus glänzendem Silberbesteck
she thought of dainty meals of shining silverware
Sie dachte an Wandteppiche, die von alten Menschen verziert wurden
she thought of tapestries decorated by ancient people
Vögel fliegen inmitten eines Feenwaldes
birds flying in the midst of a fairy forest
Köstliche Gerichte, serviert auf herrlichen Tellern
delicious dishes served on marvellous plates
Komplimente, die du mit einem sphinxartigen Lächeln anhörst
compliments you listen to with a sphinx-like smile
Sie dachte daran, das rosa Fleisch einer Forelle zu essen
she thought of eating the pink meat of a trout
Und sie dachte daran, die Flügel einer Wachtel zu essen
and she thought of eating the wings of a quail
aber sie hatte keine Kleider, keine Juwelen, nichts
but she had no gowns, no jewels, nothing
Und sie liebte nichts mehr als schöne Dinge
And she loved nothing more than beautiful things
Sie hatte das Gefühl, dass sie dazu gemacht worden war, solche Dinge zu haben
She felt she had been made to have such things
Sie wünschte sich nichts sehnlicher, als zu gefallen
She wanted nothing more than to be pleasing
Sie wollte von anderen Frauen von hoher Geburt beneidet werden
she wanted to be envied by other women of high birth

Sie wollte von wichtigen Männern als charmant angesehen werden
she wanted to be considered charming by important men
Sie wollte für ihr Unternehmen gefragt sein
she wanted to be sought after for her company
Als sie jung war, ging sie in einem Kloster zur Schule
when she was young she went to school at a convent
Aus dem Kloster hatte sie einen reichen Schulfreund
from the convent she had a rich school friend
aber sie mochte sie nicht mehr besuchen
but she did not like to go to see her any more
weil sie so traurig war, als sie nach Hause kam
because she felt so sad when she came home
Eines Abends kam ihr Mann mit triumphierender Miene nach Hause
one evening her husband came home with a triumphant air
Er hielt einen großen Umschlag in der Hand
he was holding a large envelope in his hand
»Da,« sagte er, »da ist etwas für dich.«
"There," said he, "there is something for you"
Sie riss den Umschlag vor Aufregung auf
She tore the envelope open with excitement
Und sie zog eine gedruckte Karte aus dem Umschlag
and she pulled a printed card out of the envelope
es war eine Einladung in den Palast des Ministeriums
it was an invitation to the palace of the Ministry
Ihr Mann hatte gehofft, dass sie sich freuen würde
her husband had hoped she would be delighted
Aber er hätte die Enttäuschung nicht vorhersehen können
but he could not have predicted the disappointment
Verärgert warf sie die Einladung auf den Tisch
annoyed she threw the invitation on the table
"Was soll ich damit machen?"

"What do you wish me to do with that?"
"Ach, meine Liebe, ich dachte, du würdest dich freuen"
"Why, my dear, I thought you would be glad"
"Du gehst nie aus", fügte ihr Mann hinzu
"You never go out," her husband added
"Und das ist so eine schöne Gelegenheit für Sie"
"and this is such a fine opportunity for you"
"Ich habe mir große Mühe gegeben, um die Einladung zu bekommen"
"I went to great trouble to get the invitation"
"Jeder will hin, es ist sehr wählerisch"
"Everyone wants to go, it is very select"
"Und sie geben nicht viele Einladungen an Büroangestellte"
"and they are not giving many invitations to clerks"
"Alle Beamten der Welt werden dort sein"
"all the world's officials are going be there"
Sie sah ihn mit einem irritierten Blick an
She looked at him with an irritated glance
»Und was soll ich mir auf den Rücken legen?«
"And what do you wish me to put on my back?"
Er hatte nicht daran gedacht, was sie anziehen könnte
He had not thought of what she could wear
"Warum nicht das Kleid, in dem du ins Theater gehst?"
"Why not the gown you go to the theatre in?"
"Ich finde, es sieht sehr...", aber er musste aufhören
"I think it looks very...," but he had to stop
Er konnte sehen, dass seine Frau schmerzhafte Tränen weinte
he could see that his wife was weeping painful tears
Zwei große Tränen rannen langsam aus ihren Augenwinkeln
Two great tears ran slowly from the corners of her eyes

und die Tränen liefen ihr in die Mundwinkel
and the tears ran toward the corners of her mouth
"Was ist los? Was ist los?", fragte er sie
"What's the matter? What's the matter?" he asked her
Mit einer gewaltsamen Anstrengung besiegte sie ihren Kummer
By a violent effort she conquered her grief
Sie wischte sich die nassen Wangen ab und antwortete mit ruhiger Stimme
she wiped her wet cheeks and replied in a calm voice
"Nichts ist los, aber ich habe kein Kleid"
"Nothing is the matter, but I have no gown"
"Und deshalb kann ich nicht zu diesem Ball gehen"
"and, therefore, I cannot go to this ball"
"Geben Sie Ihre Karte einem Ihrer Kollegen"
"Give your card to one of your colleagues"
"Vielleicht ist ihre Frau besser ausgerüstet als ich"
"maybe their wife is better equipped than I am"
Er war verzweifelt, "mal sehen, was wir tun können, Mathilde"
He was in despair, "let's see what we can do, Mathilde"
"Wie viel würde es kosten, ein passendes Kleid?
"How much would it cost, a suitable gown?
"Ein einfaches Kleid, das man auch bei anderen Gelegenheiten tragen kann"
"a simple gown that you could use on other occasions"
Sie dachte einige Sekunden nach und stellte ihre Berechnungen an
She reflected several seconds, making her calculations
Natürlich wollte sie keine zu niedrige Summe nennen
of course she didn't want to say a sum too low
Aber sie wollte nicht, dass ihr Wunsch sofort abgelehnt wurde

but she didn't want her wish to be immediately refused
Schließlich war ihr Mann kaufmännischer Angestellter
after all, her husband was an economical clerk
Schließlich antwortete sie: "Ich weiß es nicht genau"
Finally she replied: "I don't know exactly"
"Ich glaube, ich könnte es mit vierhundert Franken schaffen"
"I think I could manage it with four hundred francs"
Ihr Mann wurde ein wenig blaß, als er die Nummer hörte
her husband grew a little pale when he heard the number
Er legte genau diesen Betrag beiseite, um eine Waffe zu kaufen
he was laying aside just that amount to buy a gun
Er wollte sich eine kleine Wildjagd gönnen
he wanted to treat himself to a little game shooting
mehrere Freunde von ihm schossen sonntags Lerchen
several friends of his shot larks on Sundays
"Sehr gut. Ich gebe Ihnen vierhundert Franken.«
"Very well. I will give you four hundred francs"
"Aber bitte versuchen Sie, ein hübsches Kleid zu finden"
"but please try to find a pretty gown"
Der Tag des Balls rückte langsam näher
The day of the ball was slowly drawing nearer
Sie hatte ein schönes Kleid für die Veranstaltung gefunden
she had found a nice frock for the event
aber Madame Loisel schien traurig, unruhig und ängstlich zu sein
but Madame Loisel seemed sad, uneasy, and anxious
Ihr Mann bemerkte, dass seine Frau immer noch nicht glücklich war
Her husband noticed that his wife still wasn't happy
»Was ist los?« fragte er sie eines Abends

"What is the matter?" he asked her one evening
"Du warst in den letzten drei Tagen nicht du selbst"
"you haven't been yourself these last three days"
Die Einladung hatte ihr viel zu schaffen gemacht
the invitation had given her a lot to worry about
"Es ärgert mich, kein einziges Schmuckstück zu haben"
"It annoys me not to have a single piece of jewellery"
"Kein einziger Schmuck, nichts zum Anziehen"
"not a single ornament, nothing to put on"
"Ich würde arm aussehen, wenn ich so ginge"
"I would look poverty-stricken if I went like this"
"Ich würde fast lieber gar nicht hingehen"
"I would almost rather not go at all"
"Du könntest natürliche Blumen tragen", sagte ihr Mann
"You could wear natural flowers," said her husband
"Blumen sind zu dieser Jahreszeit sehr stilvoll"
"flowers are very stylish at this time of year"
«Für zehn Franken bekommt man drei prächtige Rosen»
"For ten francs you can get three magnificent roses"
Doch die Vorschläge ihres Mannes überzeugten sie nicht
but she was not convinced by her husbands suggestions
»Nein; Es gibt nichts Demütigenderes für eine Frau."
"No; there's nothing more humiliating for a woman"
"arm aussehen unter anderen Frauen, die reich sind"
"to look poor among other women who are rich"
»Wie dumm du bist!« rief ihr Mann
"How stupid you are!" her husband cried
»Warum sehen Sie Ihre Freundin nicht, Madame Forestier?«
"why don't you see your friend, Madame Forestier?"
"Du könntest sie bitten, dir ein paar Juwelen zu leihen"
"you could ask her to lend you some jewels"
"Du kennst sie gut genug, um das zu tun"

"You're acquainted enough with her to do that"
Sie stieß einen Freudenschrei über diesen Vorschlag aus
She uttered a cry of joy at the suggestion
"Du hast recht! Daran habe ich nie gedacht."
"You are right! I never thought of that"
Am nächsten Tag ging sie zu ihrer Freundin
The next day she went to her friend
Und sie erzählte ihr von all ihrer Not
and she told her of all her distress
Madame Forestier ging zu einem Schrank mit einem Spiegel
Madame Forestier went to a wardrobe with a mirror
Sie holte eine große schwarze Kiste aus dem Schrank
she took a large black box out of the wardrobe
sie öffnete das Kästchen und zeigte es Madame Loisel
she opened the box and showed it Madame Loisel
"Wähle, was du willst, meine Liebe"
"Choose whatever you like, my dear"
Zuerst sah sie einige Armbänder, die ihr gefielen
First she saw some bracelets she liked
Dann erregte eine Perlenkette ihre Aufmerksamkeit
then a pearl necklace caught her attention
ein venezianisches Goldkreuz mit Edelsteinen besetzt
a Venetian gold cross set with precious stones
Sie probierte den Schmuck vor dem Spiegel an
She tried on the ornaments before the mirror
Sie wollte den ganzen Schmuck tragen
she wanted to wear all the jewellery
aber sie konnte sich nicht entscheiden, für welche sie sich entscheiden sollte
but she could not decide which one she should choose
Sie fragte immer wieder: "Hast du noch mehr?"
She kept asking: "do you have any more?"

"Natürlich habe ich noch mehr, suche weiter"
"of course I have more, keep looking"
"Ich weiß nicht, was du magst"
"I don't know what you like"
Plötzlich entdeckte sie eine schwarze Satinschachtel
Suddenly she discovered a black satin box
In der Schachtel befand sich eine prächtige Diamantkette
in the box was a superb diamond necklace
ihr Herz pochte vor unmäßigem Verlangen
her heart throbbed with an immoderate desire
Ihre Hände zitterten, als sie die Kette nahm
Her hands trembled as she took the necklace
Sie befestigte die Kette um ihren Hals
She fastened the necklace around her throat
Sie war in Ekstase versunken, als sie sich im Spiegel spiegelte
she was lost in ecstasy at her reflection in the mirror
Dann fragte sie, zögernd, von ängstlichem Zweifel erfüllt
Then she asked, hesitating, filled with anxious doubt
"Willst du mir diesen leihen, nur diesen?"
"Will you lend me this one, only this?"
"Ja, gewiß, ich werde es dir leihen"
"Why, yes, certainly, I will lend it to you"
Sie schlang die Arme um den Hals ihrer Freundin
She threw her arms round her friend's neck
Und sie küßte ihre Freundin leidenschaftlich
and she kissed her friend passionately
Und dann floh sie mit ihrem Schatz nach Hause
and then she fled home with her treasure
Die Nacht des Balls war endlich gekommen
The night of the ball had finally arrived
Madame Loisel war ein großer Erfolg bei den Beamten
Madame Loisel was a great success among the officials

Sie war hübscher als jede andere anwesende Frau
She was prettier than any other woman present
elegant, anmutig, lächelnd und wild vor Freude
elegant, graceful, smiling and wild with joy
Alle Männer sahen sie an und fragten nach ihrem Namen
All the men looked at her and asked her name
Sie alle wollten ihr vorgestellt werden
they all wanted to be introduced to her
Alle Attachés des Kabinetts wollten mit ihr Walzer tanzen
All the attaches of the Cabinet wished to waltz with her
Sie wurde vom Minister selbst bemerkt
She was remarked by the minister himself
Sie tanzte mit Verzückung und Leidenschaft
She danced with rapture and with passion
sie war berauscht von der Freude an der Aufmerksamkeit
she was intoxicated by pleasure of the attention
sie vergisst alles im Triumph ihrer Schönheit
she forget everything in the triumph of her beauty
sie tanzte im Ruhm ihres Erfolges
she waltzed in the glory of her success
Sie befand sich in einer Art Wolke des Glücks
she was in a sort of cloud of happiness
ein Gefühl des Triumphes, das dem Herzen der Frau so süß ist
a sense of triumph which is so sweet to woman's heart
Sie verließ den Ball gegen vier Uhr morgens
She left the ball around four o'clock in the morning
Ihr Mann schlief seit Mitternacht
Her husband had been sleeping since midnight
in einem kleinen, verlassenen Zimmer mit drei anderen Herren
in a little deserted room with three other gentlemen
Auch ihre Ehefrauen genossen das Fest

their wives were also enjoying the party
Er warf ihr den Mantel, den er mitgebracht hatte, über die Schultern
He threw over her shoulders the coat he had brought
es war der bescheidene Mantel des gewöhnlichen Lebens
it was the modest coat of common life
Der Mantel bildete einen starken Kontrast zum Ballkleid
the coat contrasted starkly with the ball dress
Und es ließ die Armut noch krasser erscheinen
and it made the poverty look even starker
Sie spürte den Kontrast und wünschte sich zu fliehen
She felt the contrast and wished to escape
Sie wollte nicht, dass die anderen Frauen es bemerkten
she did not want the other women to notice
sie hüllten sich in kostbare Pelze
they were enveloping themselves in costly furs
Loisel hielt sie zurück; "Warte ein bisschen"
Loisel held her back; "Wait a bit"
"Du wirst dich erkälten, wenn du nach draußen gehst"
"You will catch cold if you go outside"
"Lass mich rausgehen und versuchen, ein Taxi zu finden"
"let me go out and try to find a cab"
Aber sie hörte nicht auf seinen Rat
But she did not listen to his advise
Rasch stieg sie die Treppe hinunter
she rapidly descended down the stairs
aber auf der Straße konnten sie keinen Wagen finden
but on the street they could not find a carriage
Loisel rief den Kutschern hinterher, die in einiger Entfernung vorbeifuhren
Loisel shouted after the cabmen passing at a distance
Verzweifelt gingen sie in Richtung Seine
They went toward le Seine in despair

Inzwischen zitterten sie vor Kälte
by now they were shivering with cold
Endlich fanden sie einen Wagen auf dem Kai
At last they found a carriage on the quay
Es war eine dieser uralten Nachtdroschken
it was one of those ancient night cabs
Taxis, die sich zu sehr schämen, um ihre Schäbigkeit am Tag zu zeigen
cabs too ashamed to show their shabbiness in the day
sie werden in Paris erst nach Einbruch der Dunkelheit gesehen
they are never seen in Paris until after dark
sie wurden in die Rue des Martyrs gebracht
they were taken to the Rue des Martyrs
Traurig stiegen sie die Treppe zu ihrer Wohnung hinauf
sadly they mounted the stairs to their flat
Der Augenblick der Verstellung war für sie zu Ende
the moment of pretence had ended for her
Was ihn anbelangt, so war er jetzt mit anderen Dingen beschäftigt
As for him, he was concerned with other things now
Er musste an diesem Morgen um zehn Uhr bei der Arbeit sein
he had to be at work at ten o'clock that morning
Sie zog ihren Mantel vor dem Spiegel aus
She removed her coat in front of the mirror
um sich selbst noch einmal in ihrer ganzen Herrlichkeit zu sehen
so as to see herself once more in all her glory
Aber plötzlich stieß sie einen schrecklichen Schrei aus
But suddenly she uttered a terrible cry
Sie hatte die Kette nicht mehr um den Hals!
She no longer had the necklace around her neck!

»Was fehlt dir?« fragte ihr Mann
"What is the matter with you?" demanded her husband
Er hatte sich schon halb entkleidet
he had already half undressed himself
Zerstreut drehte sie sich zu ihm um
She turned distractedly toward him
"Ich... Ich... **Ich habe Madame Forestiers Halskette verloren.«**
"I... I... I've lost Madame Forestier's necklace"
Er stand verwirrt auf. "Was! Wie? Unmöglich!"
He stood up, bewildered. "What! How! Impossible!"
Sie sahen zwischen den Falten ihres Rockes hindurch
They looked among the folds of her skirt
Sie prüften überall in ihrem Mantel
they checked everywhere in her cloak
Sie schauten in alle ihre Taschen
they looked inside all of her pockets
Sie suchten überall, fanden es aber nicht
they looked everywhere, but did not find it
"Bist du sicher, dass du es anhattest, als du den Ball verlassen hast?"
"You're sure you had it on when you left the ball?"
"Ja, ich habe es im Vestibül des Pfarrhauses gespürt."
"Yes, I felt it in the vestibule of the minister's house"
"Aber wenn es auf der Straße gewesen wäre, hätten wir es fallen hören"
"But if it was in the street we would have heard it fall"
»Es muß in der Droschke sein«, schloß er
"It must be in the cab," he concluded
"Ja, wahrscheinlich. Hast du seine Nummer genommen?«
"Yes, probably. Did you take his number?"
"Nein, hast du? Hast du es nicht bemerkt?"
"No. Did you? Didn't you notice it?"

Auch Mathilde war die Zahl nicht aufgefallen
Mathilde had not noticed the number either
Sie sahen sich wie vom Donner gerührt an
They looked thunderstruck at each other
Endlich zog Loisel seine Kleider an
At last Loisel put on his clothes
»Ich werde zu Fuß zurückgehen«, sagte er zu ihr
"I shall go back on foot," he told her
"Ich werde die ganze Strecke durchgehen"
"I shall go over the whole route"
"Vielleicht finde ich es ja noch irgendwo"
"perhaps I can still find it somewhere"
Er ging hinaus, um die Halskette zu finden
He went out to try and find the necklace
Sie saß wartend auf einem Stuhl in ihrem Ballkleid
She sat waiting on a chair in her ball dress
Sie hatte nicht die Kraft, ins Bett zu gehen
she didn't have the strength to go to bed
überwältigt, ohne Feuer, ohne einen Gedanken
overwhelmed, without any fire, without a thought
Ihr Mann kehrte gegen sieben Uhr zurück
Her husband returned about seven o'clock
aber er kehrte zurück, ohne die Kette gefunden zu haben
but he returned without having found the necklace
Er ging zum Polizeipräsidium von Paris
He went to police headquarters of Paris
Und er ging in die Redaktion der Lokalzeitungen
and he went to the local newspaper offices
Er bot jedem, der sie gefunden hatte, eine Belohnung an
he offered a reward to anyone who might have found it
er ging zu allen Taxiunternehmen von Paris
he went to the all cab companies of Paris
Er ging dorthin, wo es einen Hoffnungsschimmer gab

he went wherever there was a glimmer of hope
Sie wartete den ganzen Tag auf die Rückkehr ihres Mannes
She waited all day for her husband to return
Seit dem Unglück hatte sie sich in wahnsinniger Angst befunden
she had been in mad fear since the calamity
Loisel kehrte in der Nacht mit einem hohlen, bleichen Gesicht zurück
Loisel returned at night with a hollow, pale face
Er hatte überall gesucht, aber nichts entdeckt
he had looked everywhere, but discovered nothing
»Du mußt an deinen Freund schreiben,« sagte er
"You must write to your friend," said he
"Sag ihr, dass du den Verschluss ihrer Halskette zerbrochen hast"
"tell her you have broken the clasp of her necklace"
"Und sag ihr, dass du es reparieren lässt"
"and tell her that you are having it mended"
"Das gibt uns etwas Zeit, um uns etwas einfallen zu lassen"
"That will give us some time to think of something"
Am Ende einer Woche hatten sie alle Hoffnung verloren
At the end of a week they had lost all hope
Loisel wurde in dieser Woche nicht weniger als fünf Jahre alt
Loisel aged no less than five years that week
"Wir müssen überlegen, wie wir dieses Ornament ersetzen können"
"We must consider how to replace that ornament"
Am nächsten Tag nahmen sie die Schachtel mit der Halskette
The next day they took the box of the necklace

In der Schachtel hatten sie den Namen eines Juweliers gefunden
in the box they had found the name of a jeweller
Sie gingen zu dem Juwelier, dessen Namen sie gefunden hatten
they went to the jeweller whose name they found
Er konsultierte seine Bücher und seinen Buchhalter
He consulted his books and his accountant
»Ich war es nicht, Madame, der diese Halskette verkauft hat.«
"It was not I, Madame, who sold that necklace"
"Ich muss den Koffer einfach geliefert haben"
"I must simply have furnished the case"
Dann gingen sie von Juwelier zu Juwelier
Then they went from jeweller to jeweller
Sie suchten nach einer Halskette wie die andere
they searched for a necklace like the other
Aber sie mussten sich auf ihre Erinnerungen verlassen
but they had to rely on their memories
Beide waren nun krank vor Kummer und Kummer
both were now sick with chagrin and grief
Sie fanden ein Juweliergeschäft im Palais Royal
They found a jewellery shop at the Palais Royal
Sie sahen eine Reihe von Diamanten, genau wie der Verlorene
they saw a string of diamonds just like the lost one
Der Preis dafür betrug vierzigtausend Franken
the price of it was forty thousand francs
Sie konnten es für sechsunddreißigtausend Franken haben
they could have it for thirty-six thousand francs
Sie baten den Juwelier, es drei Tage lang nicht zu verkaufen

they begged the jeweller not to sell it for three days
Und sie machten einen Deal mit dem Juwelier
And they made a deal with the jeweller
Wenn sie die Halskette fänden, würde er sie zurückkaufen
if they found the necklace he would buy it back
aber er müßte nur vierunddreißigtausend bezahlen
but he would only have to pay thirty four thousand
Sie hatten noch nicht alle Hoffnung aufgegeben, es zu finden
they had still not given up all hope of finding it
Loisel besaß achtzehntausend Franken
Loisel had eighteen thousand francs to his name
Das war Geld, das ihm sein Vater hinterlassen hatte
this was money that his father had left him
Den Rest des Geldes musste er sich leihen
He had to borrow the rest of the money
Und er borgte von wem er konnte
and he did borrow from whomever he could
Er verlangte von einem Kreditgeber tausend Franken
he asked for a thousand francs from one lender
Er verlangte fünfhundert Franken von einem anderen Darlehensgeber
he asked for five hundred francs of another lender
Er lieh sich hier fünf Louis, dort drei Louis
he borrowed five louis here, three louis there
Er unterschrieb Verträge und übernahm ruinöse Verpflichtungen
he signed contracts and took up ruinous obligations
Er verhandelte mit Wucherern und allen Arten von Kreditgebern
he dealt with usurers and all kinds of lenders
Er ging für den Rest seines Lebens Kompromisse ein

he compromised all the rest of his life
Er nahm Schulden auf, von denen er nicht wusste, ob er sie aufbringen konnte
he took on debts he didn't know if he could meet
Und er fürchtete sich vor dem Unglück, das noch kommen sollte
and he was frightened by the trouble yet to come
Er fürchtete das Elend, das über ihn hereinbrechen würde
he feared the misery that was about befall him
Er schauderte vor dem Verlust, den er erleiden sollte
he shuddered at the loss he was about to suffer
Und so ging er, um die neue Halskette zu holen
and so he went to get the new necklace
Er legte sechsunddreißigtausend Franken auf den Tresen
he laid upon the counter thirty-six thousand francs
Und er sah zu, wie das Geld in einem Safe verschwand
and he watched the money disappear into a safe
Madame Loisel brachte die Kette zu Madame Forestie
Madame Loisel took the necklace to Madame Forestie
Sie sprach sehr kühl zu ihr
she spoke to her in a very chilly manner
"Ich hätte mir gewünscht, wenn du es früher zurückgegeben hättest"
"I would have liked if you had returned it sooner"
"Nach allem, was du weißt, hätte ich es brauchen können"
"for all you know I could have needed it"
Loisel befürchtete, dass sie die Schachtel öffnen würde
Loisel feared she would open the box
Was hätte sie gedacht, wenn sie es bemerkt hätte?
what would she have thought if she noticed?
Was hätte sie gesagt, wenn sie es gesehen hätte?
what would she have said if she saw it?
Hätte sie nicht Madame Loisel für eine Diebin gehalten?

Would she not have taken Madame Loisel for a thief?
aber sie vertraute darauf, dass die Kette drinnen war
but she trusted that the necklace was inside
Von da an kannte Frau Loisel ein anderes Leben
Thereafter Madame Loisel knew a different life
Sie erfuhr von der schrecklichen Existenz der Bedürftigen
she learned the horrible existence of the needy
Sie ertrug ihre Rolle jedoch mit plötzlichem Heldenmut
She bore her part, however, with sudden heroism
Sie wußte, daß die schreckliche Schuld bezahlt werden mußte
she knew that the dreadful debt must be paid
Und in ihrem Herzen willigte sie ein, es zu bezahlen
and in her heart she agreed to pay it
Sie entließen ihren Diener, den sie gehabt hatten
They dismissed their servant that they had had
Sie stuften ihre Unterkunft auf eine billigere herab
they downgraded their lodgings to a cheaper one
Jetzt mieteten sie eine Mansarde unter dem Dach
now they rented a garret under the roof
Sie lernte, was schwere Hausarbeit bedeutete
She came to know what heavy housework meant
Und sie lernte die verabscheuungswürdige Arbeit in der Küche kennen
and she learned the odious work of the kitchen
Mit ihren zierlichen Fingern wusch sie die fettigen Töpfe
with her dainty fingers she washed the greasy pots
Sie wusch die schmutzige Wäsche und die Hemden
She washed the soiled linen and the shirts
Sie hängte die Wäsche zum Trocknen an die Leine
she hung the clothes upon the line to dry
Jeden Morgen trug sie die Eimer auf die Straße
every morning she carried the pails down to the street

Und sie trug das Wasser aus dem Brunnen hinauf
and she carried up the water from the fountain
aber bei jedem Treppenabsatz musste sie Atem holen
but she had to stop for breath at every landing
Jetzt kleidete sie sich wie eine Frau aus dem Volke
now she dressed like a woman of the people
Sie ging zum Obsthändler, zum Krämer, zum Metzger
she went to the fruiterer, the grocer, the butcher
Sie trug einen Korb im Arm und feilschte
she carried a basket in her arm and haggled
Sie verteidigte ihr elendes Geld, Sou um Sou
she defended her miserable money, sou by sou
Jeden Monat mussten sie einige Rückzahlungen leisten
Every month they had to meet some repayments
Sie mussten einen Teil ihrer Schulden erneuern
they had to renew some of their debts
Und sie mussten mehr Zeit für andere Schulden gewinnen
and they had to obtain more time on other debts
Ihr Mann übernahm abends zusätzliche Arbeit
Her husband took on extra work in the evenings
Er führte auch die Buchhaltung einiger Handwerker
he also did the accounts of some tradesmen
Und spät in der Nacht schrieb er oft Manuskripte ab
and late at night he often copied manuscript
Für jede Seite, die er kopierte, verdiente er fünf Sous
for every page he copied he earned five sous
Dieses Leben dauerte ganze zehn Jahre
This life lasted all of ten years
Und es waren zehn sehr harte Jahre gewesen
and they had been ten very hard years
aber sie hatten alles bezahlt, was sie schuldeten
but at they had paid everything they owed

Sie deckten die Zinseszinssätze ab
they covered the rates of the compounding interest
Madame Loisel sah jetzt älter aus, als sie war
Madame Loisel looked older than her years now
Sie war die Frau aus einem verarmten Haushalt geworden
She had become the woman of an impoverished household
stark und hart und rau Mit schläfrigem Haar
strong and hard and rough With frowsy hair
Ihr Rock war schief und ihre Hände waren jetzt rot
her skirt was askew and her hands were now red
Sie sprach laut, während sie den Boden wusch
she talked loud while washing the floor
Aber es gab Zeiten, in denen ihr Mann bei der Arbeit war
But there were times when her husband was at work
Manchmal setzte sie sich in die Nähe des Fensters
some of these times she sat down, near the window
Und sie dachte an jenen glücklichen Abend vor langer Zeit
and she thought of that happy evening of long ago
Sie dachte an den Ball, auf dem sie so schön gewesen war
she thought of that ball where she had been so beautiful
Sie erinnerte sich an das Gefühl, so bewundert zu werden
she remembered the feeling of being so admired
Was wäre passiert, wenn sie die Halskette nicht verloren hätte?
What would have happened if she had not lost that necklace?
Wer weiß? Wie seltsam und wechselhaft das Leben doch ist!
Who knows? How strange and changeful life is!
Wie klein kann eine Sache sein, die uns macht oder ruiniert!
How small a thing can be to make or ruin us!

Eines Sonntags ging sie auf den Champs Elysées spazieren
one Sunday she went to take a walk in the Champs Elysees
Manchmal kam sie hierher, um sich zu erfrischen
she sometimes came this way to refresh herself
Es war eine anstrengende Arbeitswoche gewesen
it had been a laborious week of work
Plötzlich nahm sie in der Ferne eine Frau wahr
she suddenly perceived a woman in the distance
Sie ging mit einem Kind spazieren
she was going for a walk with a child
Es war Madame Forestier! Ihre Freundin von früher
It was Madame Forestier! Her friend from long ago
Sie war immer noch jung, schön und immer noch charmant
she was still young, beautiful, and still charming
Madame Loisel fühlte sich von der Schwere des Augenblicks gerührt
Madame Loisel felt moved by the weight of the moment
Sollte sie mit ihr sprechen? Ja, auf jeden Fall
Should she speak to her? Yes, certainly
Sie hatte hart gelebt und ihre Schulden abbezahlt
she had lived hard and paid off her debts
Sie würde ihr alles erzählen. Warum nicht?
she would tell her all about it. Why not?
Sie ging auf sie zu: »Guten Tag, Jeanne.«
She went up to her, "Good-day, Jeanne"
Madame Forestier war ganz erstaunt über den Gruß
Madame Forestier was quite astonished by the greeting
Dass sie so vertraut angesprochen wurde, überraschte sie
being addressed so familiarly caught her by surprise
Und sie kannte keine einfachen Hausfrauen
and she did not know any plain housewives

»Aber gnädige Frau! Ich kann nicht sagen, dass ich dich kenne"
"But Madame! I cannot say I know you"
"Du musst mich mit jemand anderem verwechselt haben"
"You must have me mistaken with someone else"
"Nein. Ich bin Mathilde Loisel", antwortete sie
"No. I am Mathilde Loisel," she replied
Ihre Freundin stieß einen Freudenschrei aus, als sie sie erkannte
Her friend uttered a happy cry when she recognized her
»Ach, meine arme Mathilde! Wie du verändert bist!"
"Oh, my poor Mathilde! How you are changed!"
"Ja, ich hatte kein leichtes Leben"
"Yes, I have not had an easy life"
"Das Leben war hart, seit ich dich das letzte Mal gesehen habe"
"life has been hard since I last saw you"
"Seit zehn Jahren muss ich Armut ertragen"
"for the last ten years I have had to endure poverty"
"Und das alles nur wegen dir!"
"and all of this has been because of you!"
"Du hast wegen mir leiden müssen? Wieso?«
"you have had to suffer because me? How so?"
»Erinnerst du dich an die Diamantkette, die du mir geliehen hast?«
"Do you remember that diamond necklace you lent me?"
"die Halskette, die ich auf dem Ministerball getragen habe"
"the necklace that I wore at the ministerial ball"
»Ja, was ist damit?« fragte Madame Forestier verwirrt
"Yes, what about it?" asked Madame Forestier, puzzled
"Na ja, ich hab's verloren", sagte Loisel zu ihrer alten Freundin

"Well, I lost it," Loisel told her old friend
"Wie meinst du das? Du hast es zurückgebracht"
"What do you mean? You brought it back"
"Ich habe dir noch einen mitgebracht, genau wie diesen"
"I brought you back another one exactly like it"
"Und wir haben zehn Jahre gebraucht, um das zu bezahlen"
"And it has taken us ten years to pay for it"
"Man kann verstehen, dass es für uns nicht einfach war"
"You can understand that it was not easy for us"
"Aber endlich ist es zu Ende, und ich bin sehr froh"
"but at last it is ended, and I am very glad"
Madame Forestier war stehen geblieben
Madame Forestier had stopped walking
»Du sagst, du hast eine Kette mit Diamanten gekauft, um die meine zu ersetzen?«
"You say that you bought a necklace of diamonds to replace mine?"
"Ja. Du hast es also nie gemerkt!"
"Yes. You never noticed it, then!"
"Sie waren sich sehr ähnlich", bestätigte Loisel
"They were very similar," Loisel confirmed
Sie lächelte mit einer Freude, die sowohl stolz als auch naiv war
she smiled with a joy both proud and ingenuous
Madame Forestier ergriff tief bewegt ihre Hände
Madame Forestier, deeply moved, took her hands
»Ach, meine arme Mathilde!« tröstete sie sie
"Oh, my poor Mathilde!" she comforted her
"Aber meine Halskette war eine Replik!"
"but my necklace was a replica!"
»Es war höchstens fünfhundert Franken wert!«
"It was only worth five hundred francs at most!"

www.ingramcontent.com/pod-product-compliance
Lightning Source LLC
Chambersburg PA
CBHW012014090526
44590CB00026B/4001